Awtistiaeth

Louise Spilsbury
Darluniau gan Ximena Jeria

Cwestiynau a Theimladau Ynghylch...

GRAFFEG

Cyhoeddwyd gyntaf yn Gymraeg yn 2021
gan Graffeg, adran o Graffeg Limited
24 Canolfan Busnes Parc y Strade,
Llanelli SA14 8YP
www.graffeg.com

Cyhoeddwyd gyntaf ym Mhrydain yn 2018
gan The Watts Publishing Group
Carmelite House, 50 Victoria Embankment,
Llundain EC4Y 0DZ
Un o gwmnïau Hachette UK
www.hachette.co.uk
www.franklinwatts.co.uk

Hawlfraint © The Watts Publishing Group, 2018
Addasiad: Testun Cyf.

Cedwir pob hawl.

Golygydd: Melanie Palmer
Dylunwyr: Lisa Peacock a Peter Scoulding
Awdur: Louise Spilsbury
Ymgynghorydd: Dr Patricia McNair

ISBN 9781913733728

Cwestiynau a Theimladau Ynghylch...

Awtistiaeth

Mae'r byd yn llawn o fathau gwahanol o bobl. Rydyn ni i gyd yn edrych yn wahanol ar y tu allan.

Sut wyt ti'n edrych yn wahanol i dy ffrindiau?

Rydyn ni i gyd yn wahanol ar y tu mewn hefyd. Mae awtistiaeth yn effeithio ar sut mae'r ymennydd yn gweithio.

Ond mae'r cyflwr yn effeithio'n wahanol ar bob plentyn sydd ag awtistiaeth.

Mae'n anodd i rai plant sydd ag awtistiaeth gynnal sgwrs. Efallai nad ydyn nhw'n edrych ar y bobl maen nhw'n siarad â nhw. Mae'n bosib nad ydyn nhw'n siŵr pryd i ofyn neu ateb cwestiynau neu ei bod yn well ganddyn nhw osgoi pobl eraill.

Efallai y bydd hi'n haws iddyn nhw os yw pobl eraill yn dangos sut i wneud rhywbeth yn hytrach na dim ond dweud sut i'w wneud.

Mae pobl yn aml yn defnyddio geiriau neu ymadroddion sydd â dau ystyr gwahanol. Mae hyn yn gallu bod yn ddryslyd i rai pobl ag awtistiaeth.

Yn Gymraeg mae hi'n 'bwrw hen wragedd a ffyn' ond yn Saesneg, 'it's raining cats and dogs'. Mae hyn yn gallu swnio'n wirion i bobl ag awtistiaeth. Dydyn nhw ddim yn gwybod mai'r ystyr yw 'mae'n bwrw glaw yn drwm'.

Pa ymadroddion eraill sydd â dau ystyr gwahanol?

Mae pobl yn aml yn dangos teimladau ar eu hwyneb. Mae gwên yn golygu eu bod nhw'n hapus neu'n tynnu coes a gwg yn golygu eu bod nhw o ddifri.

Sut wyt ti'n dangos teimladau ar dy wyneb?

Os oes gen ti awtistiaeth, mae'n gallu bod yn anodd gwybod sut mae pobl yn teimlo achos mae'n bosib na fyddi di'n deall nac yn sylwi ar arwyddion fel hyn. Mae'n bosib y bydd gwên lydan yn edrych yn ffyrnig i ti.

Os yw plant sydd ag awtistiaeth yn chwerthin pan fydd rhywun yn cwympo, dydyn nhw ddim yn chwerthin am eu bod yn gweld y peth yn ddoniol. Mae'n bosib nad ydyn nhw'n sylweddoli y gallai'r person fod wedi cael anaf nac yn deall pam mae rhywun yn crio.

Ond maen nhw'n gallu dysgu sut mae pobl eraill yn dangos eu teimladau a phryd i ofyn ydy rhywun yn iawn.

Weithiau, mae plant sydd ag awtistiaeth yn gallu teimlo'n anghyfforddus gyda chysylltiad corfforol â phobl eraill neu'n amheus ohono.

Mae rhai plant sydd ag awtistiaeth yn hoffi cael cwtsh ond mae'n well gan eraill ysgwyd llaw neu roi pawen lawen!

Beth wyt ti'n ei hoffi?

Mae goleuadau llachar, synau uchel ac arogleuon cryf yn gallu poeni rhai plant sydd ag awtistiaeth. Pan fydd pethau'n mynd yn ormod iddyn nhw, efallai y byddan nhw'n teimlo'u bod yn cael eu llethu ac maen nhw'n gweiddi, yn taro neu'n gwthio.

Maen nhw'n ypsetio gymaint, dydyn nhw ddim yn gwybod beth i'w wneud. Os yw pobl yn garedig ac yn dawel, maen nhw'n teimlo'n well yn fuan iawn.

Gall lleoedd newydd a phethau newydd fod yn heriol i blant sydd ag awtistiaeth. Yn aml iawn, maen nhw'n hoffi i bethau aros yr un fath neu ddilyn trefn reolaidd.

Mae'n bosib eu bod nhw'n hoffi gwneud pethau mewn ffordd benodol. Efallai eu bod nhw'n hoffi bwyta'r un pethau i frecwast ar yr un amser neu gerdded ar hyd yr un ochr i'r stryd bob dydd.

Wyt ti'n dilyn unrhyw drefn reolaidd?

Mae gan lawer o blant sydd ag awtistiaeth hobi y maen nhw'n hoffi ei wneud yn aml. Efallai fod ganddyn nhw ddiddordeb mawr mewn un peth a'u bod yn casglu llawer o ffeithiau amdano.

Mae hobi yn beth gwych i bawb ei gael.

Beth yw dy hobïau di?

Yn yr ysgol, mae pawb yn well mewn rhai pynciau nag eraill. Mae hi'n anodd i rai plant sydd ag awtistiaeth ddeall straeon neu gerddi sy'n gofyn am ddefnyddio'u dychymyg. Efallai eu bod nhw'n well mewn mathemateg, cyfrifiadura neu ddysgu ffeithiau.

Ym mha bynciau wyt ti'n dda?

Mae'n anodd i blant sydd ag awtistiaeth ddilyn rheolau rhai gemau. Efallai nad ydyn nhw'n gwybod sut maen nhw i fod i ymddwyn wrth chwarae gyda phobl eraill.

Efallai y byddai'n well ganddyn nhw wneud pethau ochr yn ochr â phlant eraill yn hytrach na gyda nhw. Gallai hynny achosi llai o straen iddyn nhw.

Wyt ti'n hoffi chwarae ar dy ben dy hun weithiau?

Dim ond rhan fach o berson yw awtistiaeth. Wrth ddod i adnabod pobl, rydyn ni'n aml yn gweld bod ganddon ni lawer yn gyffredin neu ein bod ni'n hoffi'r un pethau.

Beth wyt ti'n ei wneud gyda dy ffrindiau?

Dylen ni fod yn falch o'r ffyrdd rydyn ni i gyd yn debyg a'r ffyrdd rydyn ni i gyd yn wahanol. Dylen ni ganolbwyntio ar yr hyn rydyn ni'n gallu'i wneud gyda'n gilydd, yn lle poeni am y pethau dydy pobl eraill ddim yn hoffi eu gwneud!

Nodiadau i rieni ac athrawon

Gall y llyfr hwn helpu teuluoedd a gweithwyr proffesiynol i ddechrau sgwrs gyda phlant am agweddau ar anhwylder sbectrwm awtistiaeth. Mae awtistiaeth yn effeithio ar sut mae pobl yn cyfathrebu ac yn rhyngweithio'n gymdeithasol. Gall fod yn anodd i blant niwronodweddiadol ddeall awtistiaeth oherwydd does dim arwyddion corfforol gan y cyflwr.

Mae bod ag awtistiaeth yn gallu bod yn heriol i'r rhai sydd â'r cyflwr ac i'r rhai o'u cwmpas. Mae'n bwysig helpu plant niwronodweddiadol i ddeall awtistiaeth a'i heffeithiau. Er enghraifft, gallai plentyn sydd â synhwyrau hynod graff ymateb yn ddig neu'n ymosodol i sefyllfa. Mae gwybod pam mae'n gwneud hyn yn helpu pobl eraill i'w ddeall ac mae'n golygu na fyddan nhw'n cymryd ymateb o'r fath yn bersonol.

Mae trafod awtistiaeth yn agored yn gallu helpu plant i ddeall mai dim ond un rhan o berson yw'r cyflwr. Ni ddylai'r un ohonon ni gael ein diffinio gan un peth (fel y ffaith ein bod yn gwisgo sbectol): rydyn ni i gyd yn gymysgedd o feddyliau, teimladau, hoff bethau, cas bethau a doniau. Mae dysgu derbyn gwahaniaethau a gallu dod o hyd i bethau sydd ganddon ni'n gyffredin yn rhan bwysig o dyfu ac aeddfedu. Bydd gwneud gweithgareddau sy'n canolbwyntio ar gyfranogi a chynnwys plant waeth beth yw eu galluoedd yn helpu i bontio'r gwahaniaethau mewn dosbarth neu grŵp.

Gweithgareddau dosbarth neu grŵp:

1. Gofynnwch i'r plant eistedd yn dawel a meddwl am eu hamgylchedd. Sut fyddai'n teimlo pe bai'r goleuadau'n llawer mwy llachar, yr holl synau'n llawer uwch a'r arogleuon yn yr aer yn llawer, llawer cryfach? A fyddai'n anodd canolbwyntio ar ddim byd arall?

2. Ewch ati i gynnal sesiwn i drafod y pethau mae pawb yn y grŵp yn dda am eu gwneud a meddwl am sut fydden nhw'n gallu atgyfnerthu neu ddatblygu'r doniau hynny. Mae bod yn gadarnhaol yn golygu meddwl am y pethau mae pawb yn gallu eu gwneud yn hytrach na'r pethau mae pobl yn methu eu gwneud.

3. Meddyliwch am ffyrdd gwahanol o ddysgu. Sut mae'r plant yn dysgu orau, yn eu barn nhw? Ydyn nhw'n hoffi gwneud pethau eu hunain, gwneud nodyn o bethau, gwylio rhywun arall yn gwneud rhywbeth neu gael esboniad geiriol?

4. Gofynnwch i'r grŵp amlinellu eu dwylo ar bapur a'u haddurno â delweddau neu eiriau sy'n ymwneud â phwy ydyn nhw. Yna gwnewch arddangosfa gyda'r dwylo. Dylai hyn helpu'r plant i weld sut maen nhw'n debyg a sut maen nhw'n wahanol i eraill.

Rhagor o wybodaeth

Llyfrau

I See Things Differently: A First Look at Autism gan Pat Thomas a Lesley Harker (Wayland, 2015)

Sut Wyt Ti'n Teimlo Heddiw? gan Molly Potter a Sarah Jennings (Rily, 2021)

My Brother is Autistic gan Jennifer Moore-Mallinos (Barrons, 2008)

We're All Wonders gan R J Pallacio (Puffin, 2007)

Drwy fy Llygaid I gan Jon Roberts (Graffeg 2020)

Gwefannau

www.autism.org.uk – Cymdeithas Genedlaethol Awtistiaeth

www.childautism.org.uk – cymorth, cyngor a gwasanaethau ar gyfer pobl ifanc ag awtistiaeth

www.mencap.org.uk/Autism – elusen sy'n cefnogi pobl ag anableddau dysgu

Mae'r cyhoeddwyr wedi gwneud pob ymdrech i sicrhau bod y gwefannau a nodir yn y llyfr hwn yn addas i blant, eu bod o'r gwerth addysgol uchaf ac nad ydynt yn cynnwys unrhyw ddeunydd amhriodol na sarhaus. Fodd bynnag, oherwydd natur y Rhyngrwyd mae'n amhosibl gwarantu na fydd cynnwys y safleoedd hyn yn cael ei newid. Rydym yn cynghori'n daer fod oedolyn cyfrifol yn goruchwylio plant pan maen nhw'n defnyddio'r Rhyngrwyd.